www.ingramcontent.com/pod-product-compliance
Lightning Source LLC
Chambersburg PA
CBHW051309220526
45468CB00004B/1274
*9781790827602*